gabriel

Karimé, Andrea
Mu, Wolken und Schlangenglück

951070

Unser gesamtes lieferbares Programm und
viele ergänzende Informationen unter:
www.dix-verlag.de

ISBN 978-3-941651-59-3

Alle Rechte vorbehalten
© DIX Verlag, Düren Bonn 2013

Illustration: Sabine Rixen
Reihengestaltung: Franziska Walther
Gestaltung und Satz: fototypo, Berlin
Druck und Bindung: Grafisches Centrum Cuno GmbH & Co. KG, Calbe
Printed in Germany

DI/X **LitLe**

STADTBÜCHEREI INNSBRUCK

MU, WOLKEN UND
SCHLANGENGLÜCK

ANDREA KARIMÉ
SABINE RIXEN

Mit einem weißen Stock und einer löchrigen Tüte läuft Mu durch die riesige Stadt Kairo. „Heute ist der Himmel blau wie ein Müllsack!", sagt er zu seinen drei älteren Brüdern.

Sie sind gerade dabei, im Staub der Straßen nach weggeworfenen Dingen zu suchen. Seine Brüder haben schon einen Kamm, ein Spielzeugpferd und einen Pullover gefunden. Später werden sie die Sachen nach Hause bringen, und Mus Mutter wird sie säubern und reparieren. Damit der Vater alles wieder verkaufen kann.

Mu schaut aber lieber in den Himmel. Weil er sowieso nie etwas von dem behalten darf, was er findet. Und der Himmel über Kairo ist eine schöne Angelegenheit. Seine Farbe wechselt nämlich dauernd. Gestern war er zartrosa wie ein Pfirsich. Heute Mittag dann gelb wie Bananen. Und nun mülltütenblau mit kleinen Wölkchen.

„Guckt doch mal wie blau der Himmel ist. Warum nur ist das so?", fragt Mu seine Brüder. Sehen sie das etwa gar nicht?

„Hör mal, Mu Wolkenfresser, vom Fragen und Gucken wird man nicht satt! Fang an zu arbeiten, sonst setzt es was, verstanden?"

Immer nennen sie ihn Wolkenfresser. Als ob
man Wolken fressen könnte, denkt Mu empört.
Außerdem verirren sich Wolken nur manchmal an
Kairos Himmel. Das sind dann die besten Tage, so
wie heute. Denn Wolken können sich verwandeln,
sie können Schafe und Schildkröten werden,
Türme und Nudeln. Das ist ein Spaß. Aber nichts
für seine Brüder.

„Der Himmel kann von uns aus mit Krokodilen
voll sein, Mu Wolkenfresser, arbeiten musst du
trotzdem, kapiert? Und jetzt los!"

Sie schubsen Mu, dass er fast in den Staub der
Straße fällt. Gemeinheit, denkt Mu. Der Stoß hat
gestochen. Mu hält sich den Arm und dann ballt
er die Faust.

„Blöde Brüder", flüstert er trotzig. „Eines Tages
werdet ihr schon sehen, wie ich Geld verdiene -
viel mehr als ihr denkt!"

Mu nimmt Stock und Tüte und zieht weiter. Weg von den Brüdern. „Warum muss man arbeiten, wenn man nicht will?", fragt er sich. „Warum darf man nie etwas behalten?"

Könnte er doch zaubern. Mu hebt seinen Stock wie einen Zauberstab. „Simsalabim! Ich zaubere mir eine Tüte voll Spielzeug. Und alles zum Behalten. Nur für mich!"

Nichts passiert.

Also sucht er seufzend weiter am Straßenrand und in den kleinen Müllhaufen, die überall herumliegen. Sehr vorsichtig muss er sein, denn manchmal wohnt eine Schlange im Müll, und vor der fürchtet sich Mu. Wenn die nicht wäre, ginge das Arbeiten besser. Er untersucht den Haufen mit den Augen. Ganz lange. Weil sich nichts bewegt, steckt er seinen Stock langsam hinein. Immer noch kein Rascheln, also wühlt Mu tiefer. Dabei hält er den Atem an, um ja kein Geräusch zu verpassen.

Als erstes findet Mu heute eine Spiegelscherbe, so
groß wie eine Postkarte. Ha, da sieht er sich selbst
und fletscht die Zähne. „Ein Monster bin ich,
Achtung, Brüder, ich komme!", ruft er und wirft
die Scherbe wieder weg. Nicht zu gebrauchen! Also
weiter. Einen Teller findet er noch, eine Jacke und
einen Knopf. Mu packt alles in die Tüte.

Plötzlich raschelt es.

Aus dem Haufen ist nun doch ein kleines,
feines *sssssssss* zu hören. Mu lässt die Tüte fallen
und rennt so schnell er kann weg. Er macht sich
klein wie ein Taschentuch und versteckt sich
hinter einem Wagen mit Melonen.

Eine Schlange. Das war ganz bestimmt eine
Schlange. Mu wird ganz heiß und schlecht, und
in seinem Hals drückt ein Kloß. Immer passiert
ihm das. Er macht sich noch kleiner und schaut
unter dem Wagen durch zum Müllhaufen. Von
seinem Versteck aus sieht er die Tüte. Ohne sie
kann er nicht nach Hause. Er wartet ab und
behält den Boden fest im Auge. Er sieht Schuhe
vorbeigehen und Räder vorüberfahren. Nach einer
Weile kommt der Melonenverkäufer zurück. „Hey,
mach, dass du wegkommst, hier gibt es nichts zu
betteln!"

„Will ich ja gar nicht!", protestiert Mu und entfernt sich, hat aber den Müllhaufen fest im Blick. Jetzt. Jetzt muss er die Tüte holen! Auf Zehenspitzen schleicht er zurück, die Ohren ganz aufgesperrt. Nichts ist zu hören.

Gerade als er die Tüte packt, sieht er eine Schlange. Graubraun wie die Straße. Sie kriecht aus dem Müllhaufen heraus. Mu bleibt wie gefroren stehen und hört auf zu atmen. Die Schlange hebt ihren Kopf, dreht ihn Mu zu und verschwindet dann. In Richtung Häuser. Mu atmet auf und kneift die Augen zusammen. Hatte die Schlange ihn angeschaut? Und dann fällt ihm etwas auf: Genau da, wo die Schlange herausgekommen ist, unter einer Zeitung, lugt etwas hervor.

„Wenn mich nicht alles täuscht, ist das eine Holzflöte", frohlockt Mu und zieht den Fund hervor.

Tatsächlich eine Flöte.

Mu vergisst die Schlangenaufregung, reibt die
Flöte an seinem Hemd ab und setzt sich auf eine
der Kisten neben dem Müll.

Dann spielt er.

Die Flöte ist ein Wunder. Sie kann zwitschern
und pfeifen, lachen und weinen, summen und
brummen. Richtige Musik ist das. Mus Finger
spielen wie von selbst. Sie huschen über die
Löcher der Flöte wie schlaue Vögel.

Mu wird vergnügt und er vergisst, nach Hause
zu gehen. Doch daran erinnert ihn irgendwann die
Sonne, die mit Wolken, die wie Katzen aussehen,
unterwegs ist. „He, Mu, Abendzeit", scheint sie
zu rufen, bevor sie zum anderen Ende der Welt
abdampft.

„Ich geh ja gleich. Hey, ihr Wolkenkatzen. Habt
ihr auch so einen Hunger?", ruft er nach oben. Er
nimmt die Flöte und die Tüte in die Hand und
hüpft nach Hause.

Noch immer hat er die Musik im Ohr.

Als er fast Zuhause ist, sieht er seine Brüder.

„Was haben wir denn da? Eine Flöte? Toll, Mu, die bringt wirklich viel Geld!", sagen sie und rücken näher.

„Ja, hört mal, was sie alles kann!" Mu ist stolz und spielt.

Das müssen die Brüder doch auch mögen! Doch die halten sich die Ohren zu. „Dein Spiel ist nur Katzengeschrei! Gib her! Wir müssen sie verkaufen", rufen sie und wollen Mu die Flöte entreißen.

„Oh nein! Nicht die Flöte!" Mu hat sie fest in seinen Händen eingesperrt und flieht ins Haus. Dort versteckt er sich unter dem Tisch.

„Lasst Mu die Flöte doch einen Tag!", sagt seine Mutter und füllt die Teller mit Suppe.

„Was, du erlaubst ihm, zu faulenzen Mutter?", empören sich die Brüder.

„Einen Tag nur! Danach könnt ihr sie ja verkaufen", bestimmt die Mutter.

Mu, der zugehört hat, kommt unter dem Tisch hervor. Er nimmt seinen Teller und geht nach draußen, die Flöte unter die Achsel geklemmt. Er setzt sich vors Haus und isst seine Suppe. Sein Herz ist ein Rennauto. Mu weiß, dass er jetzt sehr klug sein muss, damit er die Flöte behalten kann. Ein Plan muss schnell her.

„Mach dir keine Sorgen. Meine Brüder kriegen dich nicht! Mir fällt schon etwas ein", flüstert er in die Flöte hinein. Dann tunkt er seinen Löffel in die Suppe. Ein großer Schluck davon wandert in seinen Bauch und wärmt ihn. Plötzlich werden seine Gedanken fröhlich und pfeifen wie die kleine Flöte. „Ich hab's! Ich werde dich irgendwo verstecken!"

Und nach dem Essen spielt er ein leises Lied für den Mond.

Am nächsten Morgen ist Mu, schon früh wach. In seinem Arm liegt die Flöte.

„Hallo", flüstert er, „bist du auch schon wach? Heute finde ich ein gutes Versteck für dich, liebe Flöte!"

Nach dem Frühstück packt er die Flöte heimlich in seine Tüte und trottet seinen Brüdern hinterher.

Der Himmel ist rosa wie ein Bonbon im Laden. Einmal hat der Vater ihm so eines geschenkt. Nach Beeren und sehr viel Zucker hat es geschmeckt. Ob der Himmel am Morgen auch süß schmeckt, fragt sich Mu.

„Schneller Mu!", rufen die Brüder und drehen sich nach ihm um.

„Ja, ja", murmelt Mu. Dann aber sieht er eine kleine graue Gasse zwischen zwei hohen Häusern auftauchen. Er biegt ein und rennt los.

Die Gasse ist dunkel und staubig, und der Himmel ist schmal und lang wie ein Schal. Könnte er hier seine Flöte verstecken? Doch da kommt schon wieder jemand. Frauen mit Körben auf dem Kopf.

„Junge, verschwinde! Hier gibt es nichts zu betteln!", schreien sie ihn an. Mu beeilt sich, die Gasse zu verlassen.

„Mu, wo bist du?", hört er seine Brüder von Ferne rufen, aber die Stimmen werden immer leiser.

„Sie haben nicht bemerkt, dass ich abgebogen bin", denkt Mu zufrieden. Am Ende der Gasse gelangt er auf einen Platz voller Menschen, Verkaufsstände und Eselwagen. Das ist der Markt. Mu drängelt sich in die Menge. Hier finden ihn seine Brüder nicht. Nur wo könnte er die Flöte verstecken? Er hockt sich zwischen zwei Verkaufsstände und denkt nach.

Da kommt ein Mann auf einem Esel angeritten, mit melonengrünem Hemd und einer schwarzen Kappe. Sein Gesicht ist nicht zu sehen. Mu muss kichern. Der Mann sitzt rückwärts auf seinem Esel. Als er vorbeigeritten ist, winkt ihm der Mann zu. Er hat einen langen grauen Bart und lächelt freundlich.

„Guten Tag, mein Herr, warum sitzt du denn verkehrt herum?", fragt Mu und läuft hinter dem Mann her.

Der Mann erklärt: „Schau mal, mein guter Junge, wenn ich richtig herumsäße, würdest du jetzt nur noch meinen Rücken sehen, oder? So siehst du mich viel länger. Können wir uns so nicht prima unterhalten?"

Mu nickt lachend. „Das ist mal ein netter Mann", denkt er. „Vielleicht kennt er ein Versteck."

Mu folgt dem Mann und seinem Esel über den Markt auf eine sehr lange Straße. Der Mann lächelt immer noch freundlich. Da fasst Mu Vertrauen und erzählt ihm alles von der Flöte und seinen Brüdern.

Der Mann lässt erstaunt seine buschigen Augenbrauen wackeln. „Wissen denn deine Brüder nicht, wie wertvoll die Musik ist? Dass sie zaubern kann und gute Laune bringt?"

Mu schüttelt den Kopf.

„Dann werden sie es lernen, spiel nur immer weiter!", sagt der alte Mann lächelnd.

„Weißt du nicht vielleicht ein Versteck für die Flöte, mein Herr?" fragt Mu.

Der Mann hebt die Schultern und zeigt zum Ende der Straße, wo es in der Ferne glitzert. „Vielleicht dort hinten am Fluss!"

Vor einem Haus bleibt der Mann stehen und steigt vom Esel. „Ich bin nun angekommen!", sagt er. Zum Abschied gibt er Mu noch ein Stück Brot. „Hier, stärke dich damit. Aber jetzt geh nur, geh immer weiter!"

Mu nimmt das Brot und steckt es in seine Tüte. Dann folgt er der staubigen Straße. Bald steht die Sonne ganz hoch am Himmel, es ist heiß wie im Backofen, als Mu am Ufer des großen Flusses ankommt. Dort liegt allerlei Müll. Flaschen und Dosen, Papier und Stoff. Mu setzt sich auf einen Stein und isst sein Brot. Es schmeckt köstlich.

Am Himmel schwimmt eine dicke Wolke, die aussieht wie ein großes Gebüsch! Sie wirft einen Schatten auf Mu. Der reckt den Hals.

„Hallo Wolke, könnt ich doch die Flöte bei dir verstecken", ruft er ihr zu.

Er nimmt die Flöte aus der Tüte und beginnt zu spielen.

Genau wie am Tag zuvor bewegen sich seine Finger wie von selbst, und die Flöte bringt viele schöne Töne und gute Laune.

Mu vergisst die Zeit und spielt und spielt. Über
dem Fluss glitzert das Mittagslicht, als ob Sterne
darüber schwebten. Mu spielt und spielt bis die
Wolke verschwindet.

Plötzlich kommt eine kleine straßenfarbene
Schlange aus einem Gebüsch. Sie sieht genau
aus wie die, die er gestern gesehen hat. Mu will
wegrennen, aber er kann nicht. Wie angeklebt
bleibt er auf dem Stein sitzen, und seine Finger
spielen ohne müde zu werden. Mit aufgerissenen
Augen sieht Mu, dass die Schlange den Kopf hebt
und sich hin und her bewegt, als ob sie tanzen
würde. Zu seiner Musik.

Mus Herz schlägt vor Aufregung wie eine
große Trommel. Will die Schlange ihm denn gar
nichts tun?

Die Flöte zwitschert und trillert und summt
und brummt bis der Himmel orange schimmert.
Mus Musik wird nun langsamer und langsamer.
Und dann verstummt die Flöte. Erst da geben
Mus Finger Ruhe, und die Schlange verschwindet
im Gebüsch. Mu starrt ihr hinterher. Nein, die
Schlange will ihm nichts tun, da ist er sich jetzt
ganz sicher. Hat die Musik etwas damit zu tun?

„Bravo Flöte!", sagt Mu stolz. „Du hast die Schlange bezwungen! Dich geb ich nie wieder her! Du bleibst bei mir."

Er fühlt sich stark und springt vom Stein. Die Flöte packt er sorgsam in die Tüte. Noch einen letzten Blick wirft er in Richtung Gebüsch. Da liegt doch noch etwas! Die Sonnenstrahlen scheinen auf das Etwas und lassen es glänzen. Genau dort, wo die Schlange verschwunden ist. Auf Zehenspitzen tappt Mu heran.

„Das ist ja eine Lampe!", ruft er erstaunt. Aus Kupfer und Glas. Mit schmutzigen Stellen von Algen und Flusswasser. Das Glas ist kein bisschen kaputt. Was für eine Freude! Seine Brüder werden staunen. Mu legt die Lampe behutsam in die Tüte und macht sich auf den langen Heimweg.

„Ich bin ein Glückspilz", denkt er.

Und die Schlange? Ob es dieselbe Schlange war wie gestern? Komisch, auch gestern hatte er etwas Schönes gefunden. Seine Flöte. Vielleicht hat ihm die Schlange ja Glück gebracht?

Rechtzeitig bevor es dunkel wird, kommt Mu Zuhause an.

Seine Brüder rufen ihn schon von Weitem.

„Na Mu, warum bist du weggelaufen? Hast du wenigstens was Gutes mitgebracht. Hey?" Richtig ruppig sind sie und schubsen ihn.

„Aufhören! Ich hab was ganz Tolles!" Und er zeigt ihnen die Lampe.

Die Brüder klopfen ihm auf die Schultern. „Die ist wirklich gut und sehr viel wert. Wo hast du die gefunden?"

Da entdecken sie die Tüte, die Mu noch in der Hand hält. Sofort reißen sie Mu die Tüte weg.

„Nicht, das ist meine!", jammert Mu, als die Brüder die Flöte herausfischen. Aber Mu hat Glück!

„Na gut, lassen wir sie ihm noch ein paar Tage. Als Belohnung!" Und sie fangen an, die Lampe zu säubern.

Mu steckt die Flöte in die Tüte zurück und krabbelt ins Bett. Mit Flötentüte. Die Nacht kleckst Schlaf und einen Traum in seine Augen. Plötzlich sitzt er wieder am Ufer des Flusses und spielt. Die straßenfarbene Schlange schlängelt sich aus dem Gebüsch und sagt: „Mutiger Mu. Du wirst deine Flöte behalten. Spiel nur immer weiter!"

Mu lächelt in seinen schönen Traum hinein.

Zwei Tage später ist der Himmel voller Wolken. So viele Wolken auf einmal hat Mu noch nie gesehen. Eine fette Decke aus Wolken ist das, kein einziger Strahl der Sonne ist zu sehen. „Das muss aber eine weiche Decke sein", denkt sich Mu und zieht mit seinen Brüdern und seiner Tüte los, Sachen suchen. „Heute Abend möchte ich unter der Wolkendecke schlafen, ja!", ruft er und lässt sein Stöckchen in die Luft pieksen.

Die Brüder drehen sich um. „Was machst du da, hey, Wolkenfresser? Vom In-die-Luft-gucken findest du nichts!"

„Guckt doch mal. Eine ganze Wolkendecke!", ruft Mu aufgeregt. Das müssen die Brüder doch sehen!

„Mu, mach deine Arbeit! Vom Gucken wird man nicht satt", ereifern sich die Brüder, die keine Ahnung vom Himmel haben. Ungerecht ist das!

„Und was ist mit der Lampe?", schreit er.

„Das war vorgestern!", brüllen die Brüder zurück. „Und seitdem hast du nichts mehr gefunden!"

„Das stimmt", denkt Mu. Er schaut sich auf der Straße um. Auch zwischen parkenden Autos kann man manchmal etwas finden.

Aber heute liegen nur nutzlose Dinge herum. Papiertaschentücher, Bananenschalen, zerknüllte Schachteln. Ein riesiger Bus saust mit wildem Hupen vorbei. Auf der anderen Straßenseite stehen große blaue Mülltüten. Schwuppdiwupp sind Mus Brüder über die Straße und bearbeiten alles gründlich. Reißen die Tüten auf und fingern nach etwas Brauchbarem.

„Mu, komm, hilf uns mal!", rufen sie.

Mu schafft es aber gar nicht über die Straße, dauernd kommt ein Bus. Da geht er eben einfach weiter. Und pfeift ein Lied.

„Mu, komm sofort rüber!"

Aber Mu beachtet sie nicht. Mit seinem Stöckchen untersucht er den Straßenrand. Ab und zu gibt es einen kleinen Müllhaufen.

Dann plötzlich bewegt sich vor ihm etwas auf dem Asphalt. Eine Schlange mit straßenfarbener, glänzender Haut.

Mu kneift die Augen zusammen. Ist es wirklich *die* Schlange? Dieselbe, die ihn neulich am Fluss besucht hat? Ja, das muss sie sein. Mus Herz schlägt wieder vor Aufregung wie eine große Trommel. Die Schlange kriecht vor ihm her.

„Hallo, warte, wo willst du hin?", ruft Mu.

Die Schlange kriecht zwischen eine Reihe parkender Autos und eine Mauer. Dort ist es so eng, dass Mu sich gerade so durchzwängen kann.

„Schlange, warte doch, ich komme mit!", keucht er. Aber die Schlange hört nicht auf Mu. Mit leisem Zischen schlängelt sie sich auf dem sandigen Boden bis an das Ende der Mauer. Dahinter ist ein großer Platz. Der Markt. Mu erkennt von der Mauer aus die Stände und Verkäufer. Der alte Mann fiel ihm wieder ein, mit dem melonengrünen Hemd. Der, der ihm Brot geschenkt und ihn zum Fluss geschickt hat.

Plötzlich erschrickt Mu. Er war so in Gedanken versunken, dass er die Schlange ganz vergessen hat.

„Schlange, wo bist du?", ruft er leise. Aber nichts rührt sich. Und etwas Brauchbares gefunden hat er auch nicht. Er setzt sich mit heißen Augen zwischen einen Verkaufsstand und eine kleine Teestube. Da sitzen Männer, trinken Tee und rauchen Wasserpfeife.

Mu schaut in den Himmel und sieht, wie der Wind eine Wolke in einen großen weißen Dampfer mit Schornstein und Fenstern verwandelt.

„Ach, könnte ich nur mit dem Dampfer wegschwimmen", sagt er leise.

Der Wind fliegt in seine Tüte und holt einen weichen Ton heraus.

Da erinnert sich Mu an seine Flöte. Er nimmt sie aus der Tüte und spielt. Und schon fühlt er sich besser. Seine Finger hüpfen auf und ab, und wie von selbst erschaffen sie die schönsten Melodien. Immer fröhlicher wird die Musik. Mu vergisst die Schlange und seine Brüder und den Markt. Die Musik ist eine neue Welt, und Mu spaziert darin herum.

Plötzlich hört er ein zischendes Geräusch.

Mu spielt weiter, aber seine Augen wandern herum. Bald sehen sie die Schlange wieder. Sie kriecht heran und hebt den Kopf. Hier auf dem Markt. Wie neulich bewegt sie sich hin und her. Fast als würde sie tanzen.

Mu zwinkert aufgeregt mit den Augen. Wie neulich am Fluss kann er nicht aufhören zu spielen. Als gehörten die Finger zur Flöte, flattern sie geheimnisvoll über die Löcher. Immer schöner und flinker spielt er nun. Nur noch die Flöte, die Schlange und er sind da.

Nach einiger Zeit hört Mu wieder etwas Neues. Es ist ein lautes brausendes Geräusch, das sich mit seiner Musik vermischt. Jetzt verlassen Mus Finger die Flöte.

Klatschen und laute Rufe hört er. „Bravo Junge, gut gemacht!"

Mu schaut verwirrt auf. Die Schlange ist weg. Viele Leute stehen vor ihm. Sie schauen ihn an und lachen.

„Was ist nur passiert?", wundert sich Mu.

Ein Mann kommt aus der Teestube und bringt ihm ein kleines Glas mit einem goldenen Rand. Es steht auf einem Teller mit einem Löffel und drei Stück Zucker.

„Hier nimm, mein Junge, für dein Spiel, nimm, nimm!"

Mu steckt ein Stück Zucker in den Mund. Auf seiner Zunge wird es herrlich süß. Lächelnd sucht er mit den Augen die Schlange. Dort, wo sie getanzt hat, liegt nun etwas ganz anderes.

„Ja, nimm es, es ist deins!", rufen die Leute und lachen dazu.

Mu versteht nicht. Da liegen Scheine und Münzen. Echtes Geld! Und das soll ihm gehören?

„Das gehört aber gar nicht mir", sagt Mu schüchtern und nimmt einen Schluck Tee, der nach Minze schmeckt.

„Doch mein Junge, du hast dir das verdient. Mach mal deine Tüte auf!", sagt da eine bekannte Stimme über ihm. Es ist der alte Mann mit dem Esel und dem melonenfarbenen Hemd. Er nimmt das Geld und packt es in Mus Tüte. Dann erklärt er, was passiert ist.

„Mein Junge, du hast so schön Flöte gespielt, dass die Marktbesucher stehen geblieben sind und gelauscht haben. Und dann haben sie die Schlange gesehen. Wie du sie zum Tanzen gebracht hast. Toll! Deshalb haben sie dir Geld hingelegt!"

Kein Wort kommt Mu über die Lippen. Das alles hat er gar nicht mitbekommen. Nur den Zucker schmeckt er. Er löst sich in seinem Mund auf und macht alles noch süßer.

Auf einmal stehen auch die Brüder neben ihm.
Sie klopfen ihm auf die Schulter, alle drei. Sechs
Hände klopfen da auf ihm herum.

„Bravo Mu, *du* bist der Flötenspieler, von dem
alle hier sprechen. Eine echte Schlange hast du
bezwungen und echtes Geld verdient."

Ehrfürchtig greifen sie nach der Tüte und
zählen das Geld.

„Mit deiner Flöte hast du mehr Geld verdient
als mit den gefundenen Sachen!", stellen sie fest.
„Das muss gefeiert werden!"

Der alte Mann lächelt. „Siehst du, ich habe dir
doch gesagt, dass deine Brüder es lernen werden.
Spiel du nur immer weiter!" Er steigt wieder
rückwärts auf seinen Esel und winkt.

„Darf ich denn jetzt die Flöte behalten?", fragt Mu.

Die Brüder überlegen. Endlich sagen sie: „Wenn du damit auch weiter Geld verdienst, dann ja!"

Mu jubelt und springt mit der Flöte in die Luft. Dann flüstert er in sie hinein. „Habe ich es dir nicht gesagt? Morgen spielen wir wieder auf dem Markt! Und vielleicht treffen wir ja auch die Schlange wieder?"

Mu streichelt seine Flöte.

Auf dem Heimweg bekommt die Wolkendecke Löcher, und der blaue Himmel zwinkert Mu zu.

DIX LitLe – Literatur für Lesestarter

Eine Buchreihe für Jungen und Mädchen in ihren ersten Lesejahren

Wie lernen Kinder Lesen und wie gewinnen sie Spaß am Lesen? Dazu kursieren unterschiedlichste Ansätze und auch in Zukunft werden Experten immer wieder über Methoden streiten.

Es gibt bereits ein sehr großes Angebot an nach Alter, Schulklasse oder Leseumfang gestaffelten sogenannten Erstlesebüchern. Das ist gut und sicher hilfreich. Aber diese Bücher werden sehr schnell inhaltlich wie sprachlich quasi von sich selbst überholt. Jede dieser Einteilungen widerspricht auf die eine oder andere Art der Lese-Erfahrungswelt und der individuellen Entwicklung unserer Kinder.

DIX LitLe geht einen anderen Weg. **DIX LitLe** bietet Literatur für Jungen und Mädchen, Literatur, die von Lesestartern der ersten vier Grundschuljahre bewältigt werden kann. Literatur, die sie fordert – nicht überfordert. Geschichten, die Kindern in diesem Alter Spaß machen, damit ihnen das Lesen Spaß macht.

DIX LitLe-Bücher können perfekt in den kreativen – auch fächerübergreifenden – Schulunterricht eingeflochten werden, sie eignen sich hervorragend als Klassenlektüre und für Schulbüchereien.

Die Autoren dieser Bücher sind nicht nur versierte Kinderbuchschreiber, sie sind auch Pädagogen, Philologen und Leseförderer. Sie wissen, wie man bei Kindern Lust an Literatur wecken kann.

DIX LitLe-Titel wachsen mit: Im ersten Schuljahr wird ein Kind das Buch zusammen mit einem Vorleser in die Hand nehmen, nach und nach aber selbst darin lesen – je nach wachsender Lesekompetenz des Einzelnen.

DIX LitLe-Bücher gehören nicht zur großen Masse der Ex-und-hopp-Titel. Sie bieten inhaltlich und sprachlich so viel, dass Kinder sie wieder und wieder hervornehmen und mit zunehmendem Alter neue und andere Dinge in den Texten (und Bildern) entdecken.

DIX LitLe-Bücher sind sehr verschieden in Inhalt und Umsetzung, so wie auch Kinder zwar im gleichen Alter sind, aber völlig unterschiedliche Interessen haben.

DIX LitLe-Titel sind aufgrund ihrer Covergestaltung als Bücher für Lesestarter auf den ersten Blick erkennbar. Alle werden von Künstlern illustriert und bieten im Innenteil immer anderes – denn das Auge liest mit.

DIX LitLe-Bücher bieten kein Text-Fast-Food, sondern Literatur für Lesestarter, mit Texten, die Spuren hinterlassen.